El reno y la bondad la Navidad

José Morán - Carmen Guerra

susaeta

Texto: José Morán
Ilustraciones: Carmen Guerra

C/ Campezo, 13 - 28022 Madrid
Teléfono: 91 3009100
Fax: 91 3009118
www.susaeta.com
D.L.: M-9102-MMXII

El reno
y la bondad
La Navidad

Cuando nació el reno Rudolph, una noche de primavera, apareció en el firmamento una nueva estrella. Los padres del recién nacido se dijeron:

—Seguro que nuestro hijo va a ser alguien muy especial.

Muy poco después de nacer, Rudolph, como todos los renos, ya era capaz de andar y seguir al resto del rebaño a través de las llanuras congeladas y los pantanos de la interminable tundra ártica.

Enseguida se vio que Rudolph tenía un gran corazón. El pequeño reno siempre estaba haciendo favores a los demás.

—¿Te apetece un aperitivo de líquenes, cortezas y musgo? —preguntaba al reno que tenía más cerca.

—Bueno…

Y entonces Rudolph corría de acá para allá y juntaba un buen montón de comida muy apetitosa para su compañero, que la devoraba en un santiamén.

Al llegar el verano, tan corto en aquellos parajes, Rudolph había crecido mucho. Incluso empezaba a salirle la cornamenta, que es el orgullo de todos los renos. Sin embargo, a él lo que de verdad le interesaba era ayudar a sus compañeros.

Cuando la manada se desplazaba, cosa frecuente ya que los renos son nómadas, Rudolph iba atento para acompañar a los ancianos y enfermos. También le gustaba contar chistes y hacer bromas para animar a los que estaban más cansados y alegrar a los pesimistas.

Y cuando en otoño surgían los primeros fríos y empezaba a soplar el insufrible viento del norte, Rudolph se ponía junto a los renos más débiles para protegerlos del aire y darles calor.

—Rudolph, muchas gracias —era la frase más repetida.

—Rudolph es especial —decían orgullosos sus padres—. ¿Qué le tendrá reservado el destino?

No se olvidaban de la estrella que apareció en el cielo cuando su hijo nació. Aquello era una señal, sin duda…

Aunque la gruesa piel de los renos soporta temperaturas de cuarenta grados bajo cero, cuando se acerca el invierno estos animales se adentran en los bosques para resguardarse un poco del intenso frío del Ártico.

Aquel día nevaba mucho, tanto que apenas se veía. De pronto, el reno jefe del rebaño comenzó a dar gritos de alerta:

—¡Cuidado, corred! ¡Tenemos que huir deprisa! ¡Se acerca una manada de lobos!

Cuando tienen hambre, los lobos son muy sanguinarios.

Cundió el pánico. Todos salieron corriendo hacia el bosque lo más rápido que pudieron para salvar la vida.

En medio de la confusión, Rudolph se dio cuenta de que un reno estaba en apuros: había tropezado y caído al suelo.

—¡Tranquilo, yo te ayudaré! —le gritó para darle ánimos—. Y corrió hacia él jugándose el pellejo. Los lobos se acercaban.

—¡Rudolph, Rudolph! —oyó la voz de su madre a sus espaldas—. ¡Déjalo o morirás tú también!

Rudolph intentó ayudar a su compañero, pero todo fue inútil. Con el golpe, el pobre había perdido el sentido.

Llorando de pena, se alejó de allí, pero la tormenta de nieve arreciaba. No se veía nada. ¡No sabía dónde estaba!

—¡Socorro! ¡Socorro! —gritó asustado.

Por desgracia, sólo se oía el aullido de los lobos acercándose cada vez más. Rudolph corrió desesperado. De repente, se vio al borde de un barranco, sin tiempo ya para frenar…

Rudolph cayó al vacío.

—Estoy perdido —suspiró mientras se preparaba para morir.

Por inercia, siguió moviendo sus patas en el aire, como si todavía pudiera correr. Entonces ocurrió algo sorprendente…

—¡No me lo puedo creer! ¡Esto es un milagro!

Estaba volando. No sabía cómo era posible, pero ¡estaba volando!

La mayoría de los lobos que le perseguían cayeron de cabeza al fondo del barranco.

Rudolph corrió y corrió por el aire. Cuando dejó de nevar, se quedó impresionado al ver el maravilloso paisaje. ¡Qué bella y valiosa le parecía la vida!

Y entonces, mientras volaba, descubrió una estrella distinta a las demás. Se movía por el cielo y dejaba un resplandor a su paso. Decidió seguirla.

Varios días después, la estrella por fin se detuvo y Rudolph aterrizó. Estaba muy lejos de su tierra. Apenas hacía frío aunque era noche cerrada. A lo lejos, vio una especie de establo medio derruido donde había luz, y el reno se acercó con curiosidad.

Cuando entró en el establo se llevó una gran sorpresa. Había allí un niño recién nacido envuelto en pañales. Y también una mujer y un hombre jóvenes, que le sonrieron.

Jamás en su vida había sentido Rudolph tanta paz y alegría.

En ese momento llegaron unos pastores, le cantaron al niño y obsequiaron a los padres con leche, pan y queso. Luego llegaron tres señores muy elegantes que viajaban en camello y trajeron más regalos. También se acercaron muchos animales, ¡y ninguno se peleaba! Todos eran felices en aquel lugar.

Cuando salía del establo, Rudolph se encontró con un anciano gordito de barbas blancas y rostro afable, vestido de rojo, que le dijo sonriendo:

—Rudolph, ven conmigo. Tenemos mucho trabajo.

—¡Sabes mi nombre! ¿Quién eres?

—Me llamo Santa Claus. Tú eres uno de los renos voladores que me ayudarán desde hoy a repartir regalos a todos los niños del mundo.

¡Hoy es la primera Navidad!